ISBN 978-1-943521-00-5

Tvillingarna Tuttle lär sig om lagen / Connor Boyack.

Illustrerad av Elijah Stanfield
Redigerad av Connor Boyack
Originalets titel: The Tuttle Twins Learn About the Law
Översatt till svenska av Klaus Bernpaintner

Tryckt i Förenta staterna

10 9 8 7 6 5 4 3 2 1

TVILLINGARNA TUTTLE

lär sig

OM LAGEN

CONNOR BOYACK

Illustrerad av Elijah Stanfield

Denna bok tillägnas
Frédéric Bastiat (1801-1850).

En stor man med
ett klart intellekt.

Emil och Emma Tuttle var ett par glada nioåriga tvillingar som älskade att lära sig nya saker. De var syskon, men de var också goda vänner. De gillade att göra saker tillsammans.

En dag i skolan undervisade deras lärarinna Mimmi klassen om vad visdom är. Mimmi förklarade att det är när en person vet många viktiga och sanna saker.

Emil och Emma fick i läxa att intervjua någon som var vis.

De skulle be en vis person lära dem något väldigt viktigt. Båda två tänkte omedelbart på Fred, deras granne.

Fred var en äldre man som hade växt upp i Frankrike. Han var som en morfar för Emil och Emma och lärde dem ofta nya saker.

När han var ute och arbetade på tomten och tvillingarna lekte brukade de ofta prata med varandra.

EMIL

Emma

Fred verkade veta en massa intressanta saker.
Tvillingarna kunde fråga Fred om nästan vad som
helst, som till exempel hur moln fick sina olika former ...

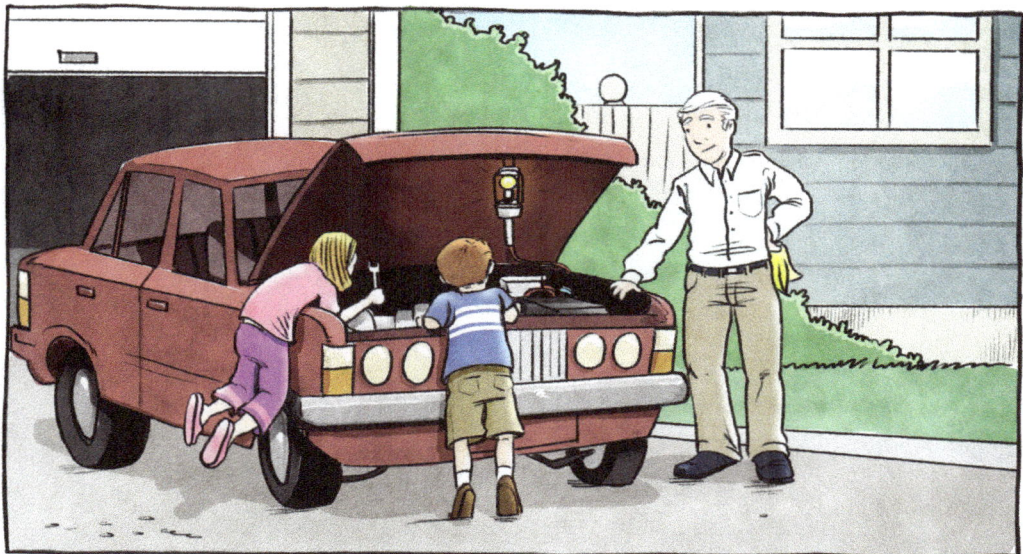

eller hur bensin får en motor att gå, eller hur kolibrifåglar tycks kunna sväva i luften.

Han verkade ha svar på varje fråga! Alltså skulle han vara helt rätt person att intervjua.

Efter skolan lämnade Emil och Emma sina skolväskor innanför dörren och kramade om sin mamma. De letade rätt på några anteckningsböcker och pennor och sprang över gräsmattan till Freds hus.

Tvillingarna knackade på dörren och Fred öppnade och välkomnade dem med ett brett leende. "Hur mår mina favoritgrannar?" frågade han.

Tvillingarna log — de gillade att vara favoriter.

"Vad kan jag hjälpa er med idag?" frågade Fred.

"Vi lär oss om visdom i skolan!" svarade Emil. "Vi ska intervjua någon som är vis", sa Emma.

"Jag förstår", svarade Fred och skrattade när han insåg varför de kommit till honom. "Och ni tror att jag kan hjälpa er?"

"Absolut!" sa Emma. "Kan du hjälpa oss?" frågade Emil ivrigt. "Vår lärarinna Mimmi sa att du skulle lära oss om något väldigt viktigt."

"Jag kan försöka", sa Fred och vände sig om. "Jag tror jag vet precis vad jag ska prata med er om. Kom med mig!"

Emma, som var väldigt ivrig, skuttade in genom dörröppningen. Emil gick bakom henne och de följde Fred till hans kontor på övervåningen.

Det var som att vara i ett bibliotek. Det fanns bokhyllor överallt i rummet. Det fanns också bokhögar överallt med böcker som inte fick plats i hyllorna. Fred gillade tydligen att läsa.

"Sätt er, barn", sa Fred och pekade på soffan. "Jag vill hjälpa er förstå något jag tycker är mycket viktigt."

Fred sträckte sig högt upp för att ta ner en bok. "Det är något som påverkar varje person varje dag", berättade han för dem.

TOLSTOY
SHAKESPEARE
SUN TZU
Wealth of Nations
KIPLING
POEMS
THE NAKED CAPITALIST
THE FEDERALIST PAPERS
Hübener vs Hitler
HOLY BIBLE
JAMES MADISON
CIVIL DISOBEDIENCE
INHERIT THE EARTH
WALDEN
Albert Jay Nock
REVOLUTION
HAZLITT
HUMAN ACTION
END THE FED
ROLLBACK
Meltdown
ROSE WILDER LANE
DEMOCRACY
RISE OF THE WARRIOR COP
AS WE GO MARCHING
CONCEIVED IN LIBERTY I
CONCEIVED IN LIBERTY II
CONCEIVED IN LIBERTY III
CONCEIVED IN LIBERTY IV

Tvillingarna var nyfikna. De undrade vad det kunde vara.

Emil var väldigt fundersam och gillade att försöka förstå saker. Han frågade om det gällde mat, eftersom vi alla äter varje dag.

Emma som hade livlig fantasi hade en annan idé. "Jag slår vad om att det handlar om solen!" gissade hon.

"Det där är viktiga saker, men jag tänker på något annat", sa Fred.

"Vad är det då?" frågade Emil ivrigt. Han blev mer
och mer nyfiken.

Fred höll fram boken som han tagit från hyllan.
"Det här!" sa Fred.

Emil och Emma läste bokens titel: *Lagen*, men
de kunde inte riktigt uttala författarens namn,
Frédéric Bastiat.

"Mina föräldrar gav mig mitt namn efter denne
man", förklarade Fred. "Han lärde ut viktiga idéer
och kämpade mot de elaka typerna i sin stat."

Tvillingarna tittade på varandra med en förvirrad min. "Lagen påverkar oss varje dag?" frågade Emma och tittade på Fred.

"Och det är det här som du tycker är väldigt viktigt?" undrade Emil och höjde ögonbrynen. "Är du säker?" frågade han och skrev ner "Lagen" i sin anteckningsbok.

"Det är verkligen viktigt" sa Fred. "Och jag slår vad om att du kommer hålla med när vi är klara!"

Emil var fortfarande inte övertygad. Han var visserligen van att lära sig intressanta saker men då handlade det om hajar, köttätande växter och raketer.

"Vår morbror är polis", berättade Emma för Fred. "Jag tror han jobbar med lagarna."

"Ja, det gör han", höll Fred med om. "När människor tänker på lagen tänker de oftast på fortkörningsböter eller att betala skatt. Men det är mycket mer än så!" sa han.

"Ni, jag och alla andra har något som kallas *rättigheter*" förklarade han.

Emma skrev "Vi har rättigheter" i sin anteckningsbok.

"Att ha rättigheter innebär att det finns vissa saker jag kan göra utan att någon får stoppa mig" förklarade Fred.

"Som att leka med mina egna leksaker?" frågade Emil högt.

"Visst" sa Fred. "Eller prata om vad du vill, eller vara med dina vänner, eller tro på Gud" sa Fred till dem.

"Medan ni ännu är barn så är era föräldrar ansvariga för att lära er och hjälpa er använda era rättigheter på ett bra sätt" sa han. "Men inte när jag blivit stor!" sa Emma och ställde sig på tårna för att bli längre.

"Helt rätt", sa Fred. "När ni är vuxna ska ingen få hindra er från att använda era rättigheter. Ni kommer själva vara ansvariga för vad ni gör."

Emil funderade på hur han och Emma skulle se ut som vuxna. Vad skulle de göra med alla sina rättigheter?

"Vissa människor tycker att vi har rättigheter helt enkelt för att vi är människor, andra menar att de kommer från Gud", sa Fred.

"Oavsett var man tycker att rättigheterna kommer ifrån så är det viktiga att vi alla vet vad som är rätt och fel", sa han till dem.

Emils ögon lyste. "Det kallas samvete!" utbrast han högt.

"Det är helt rätt, Emil", sa Fred till honom. Han var glad att de började förstå.

Emil skrev "Vi har ett samvete" i sin anteckningsbok. Emma skrev "Vi kan skilja på rätt och fel" i sin.

"Vi har ett ansvar att skydda våra rättigheter", sa han. "Vi måste också försvara dem", sa Fred och såg allvarlig ut.

"Mot elaka typer?" frågade Emma och knöt sin näve i luften.

"Helt rätt", svarade Fred och log. "Eftersom folk vill skydda sina rättigheter och stoppa de elaka typerna så slår de sig ihop. En sådan grupp kallar vi ofta för en stat", sa han.

Emma och Emil sprang omkring i armkrok och sparkade med benen i luften. "Så staten slåss mot de elaka typerna, eller hur?" frågade Emil. Han föreställde sig statliga agenter i superhjältedräkter!

"Det är så det är tänkt", Emil. "Men det fungerar inte alltid så", förklarade Fred. "I många fall kan de elaka typerna bli en del av staten!"

De slutade slå och sparka. De tappade hakan av förvåning. "Finns det elaka typer i staten? Hur kan det vara så?" undrade Emma.

"De elaka typerna i staten har inte på sig rockar och ser ut som bovar", sa Fred. "De ser helt normala ut och säger saker som många människor gillar", förklarade han.

Emma skrev "Det kan finnas elaka typer i staten" i sin anteckningsbok som en påminnelse.

"Men vad gör de elaka typerna i staten?" frågade Emil.

"Det är en viktig fråga, Emil", sa Fred och tittade ut genom fönstret. "Låt oss gå ut i min trädgård så jag kan förklara."

Det var en solig eftermiddag med en skönt fläktande vind. Emil gillade att utforska nya saker utomhus. Emma gillade att jaga fjärilar och fåglar.

Fred förde dem till odlingslådorna som han jobbade med varje dag.

Han odlade tomater, majs, paprika och zucchini bland annat.

"Ser ni mina prisbelönta tomater här?" frågade Fred. "Fru Lopez på andra sidan gatan tycker mycket om dem så jag brukar bjuda henne."

Fred plockade en saftig, röd tomat från en kvist och räckte fram den till tvillingarna. "Vad skulle ni tycka om hon skulle ta en av mina tomater utan att be om lov?" frågade han.

"Ja, det skulle vara fel, så klart", utbrast Emma. Deras föräldrar hade alltid lärt dem att det är fel att stjäla.

"Borde inte hennes samvete säga åt henne att låta bli?" tänkte Emil högt för sig själv.

"Absolut", svarade Fred.

"Tänk er nu att fru Lopez ber er polis-morbror om hjälp med att stjäla en. Vad skulle ni tycka om han kom och tog mina tomater för att ge till fru Lopez?"

Emil misstänkte att det var en kuggfråga.
"Det skulle ändå vara fel", sa han försiktigt.

"Även om en person från staten skulle göra det åt henne?" frågade han Emma.

"Fel är fel, vem som än gör det!" sa hon helt enkelt.

"Det är helt rätt", svarade Fred stolt.

Emil antecknade "Det är alltid fel att stjäla".

"Ni två lär er något som många människor inte förstår", sa han. "Kommer ni ihåg att vi alla har rättigheter? Och att vi bildar stater för att skydda dem?"

"Japp", sa Emma och tog sin bror under armen, redo att kämpa mot elakingarna.

"Om något är fel för oss att göra så är det också fel för människor i *staten*", berättade Fred för dem. Emil och Emma nickade. "Fel är alltid fel!" sa Emma.

Freds katt Dusty hade följt med dem ut och började nu spinna. Emil klappade Dusty och frågade: "Så vad är det elakingarna i staten gör egentligen? Tar elakingarna i staten dina saker, Fred?"

"Vi går in i köket så ska jag förklara det", sa Fred. Tvillingarna tävlade om att komma först.

Fred öppnade dörren till sitt stora skafferi. Där fanns många hyllor fulla med mat. Det var som att vara inne i en mataffär!

"Jag förvarar extra mat här så jag kan hjälpa människor som är hungriga", förklarade Fred.

Emma gillade alla färgglada kartonger med frukostflingor. Emil försökte räkna ut hur många burkar chili con carne Fred hade!

"Ibland gör jag mat åt familjer när pappan förlorat jobbet, eller när mamman fått barn", berättade Fred för dem.

"Vad snällt av dig!" sa Emma.

"Men vad har det att göra med staten?"
frågade Emil.

"Ingenting", svarade Fred. "Jag hjälper
människor för att jag vill. Men staten tvingar
mig också att hjälpa människor."

"Är det så farligt då?" frågade Emma. "Många
sjuka och hungriga människor behöver vår
hjälp, eller hur?"

"Kom ni ihåg min fråga om er morbror som är polis skulle ta mina tomater och ge till fru Lopez?" frågade Fred. Tvillingarna nickade. De kom ihåg att det alltid är fel att stjäla.

"Precis så gör elakingarna i staten när de tar mina saker och ger dem till andra utan min tillåtelse. Ibland tar de mina saker och behåller dem själva, eller också ger de sakerna till sina vänner istället för att hjälpa dem som behöver", berättade Fred för dem.

"De verkar vara som sjörövare!" sa Emil och såg framför sig hur Fred fick gå på plankan under svärdshot.

Fred skrattade. "Ja Emil, sjörövare stjäl saker — det kallas röveri. Och när elakingarna i staten gör det kallar vi det lagligt röveri."

"Och låter lagarna elakingarna i staten röva precis som pirater?" frågade Emma.

"Om en lag låter staten göra något som jag inte får göra så är det egentligen ingen riktig lag", sa Fred.

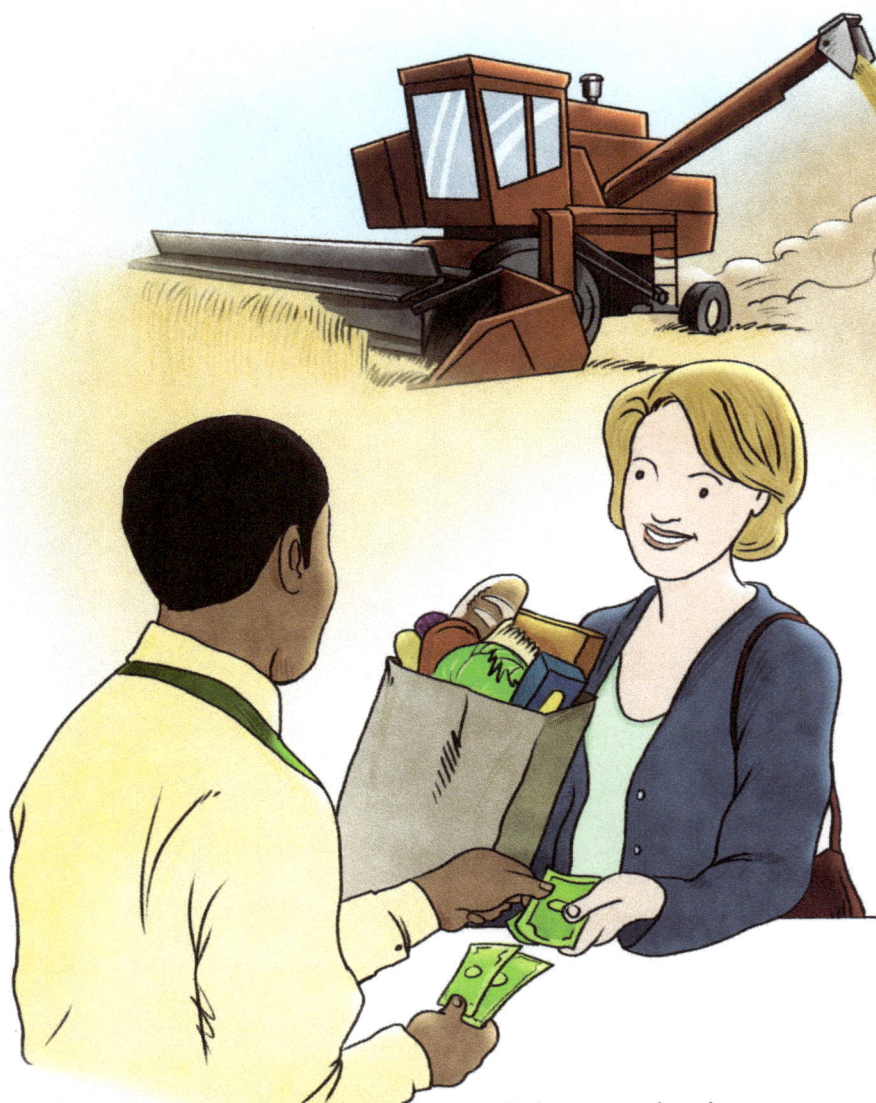

"Riktiga lagar skyddar människor och deras egendom från röveri", förklarade Fred. "När det finns riktiga lagar och de respekteras arbetar människor hårt för att förbättra sina liv och de samarbetar fredligt med andra människor. Alla får det bättre tillsammans och blir lyckligare."

Emil antecknade "Riktiga lagar skyddar
människor." Fred fortsatte. "Där det inte finns
lagligt röveri förlitar sig människor på andras
omtanke och goda gärningar."

"Men när lagen låter människor röva vänder det alla mot alla", sa Fred.

"Alla vill ta istället för att ge. Somliga slutar arbeta hårt och försöker få staten att ta hand om dem istället. När detta händer börjar staten styra över allting."

"Staten gillar att styra och ställa med saker och ting", förklarade Fred för dem.

"Vem stoppar elakingarna om de finns i staten?" undrade Emma högt för sig själv.

"Bra fråga!" sa Fred och knäppte med fingrarna. "Följ med upp igen så ska ni få veta svaret."

Fred gick tillbaka till sitt arbetsrum och lyfte upp boken *Lagen* igen. "När staten gör dåliga saker är det svårt att försvara sig eftersom den är väldigt stark", sa Fred. "Att bli mobbad av någon i skolan är illa, men tänk er om alla lärarna och rektorn var mobbare", fortsatte han.

"Jag skulle nog springa iväg från skolan!" svarade Emil. "Jag med", sa Fred. Han gav boken till sina intervjuare.

"Och så slår vi tillbaka med idéer", sa Fred. "Som idéerna i den här boken. Som idéerna jag har lärt er nu."

"Kom ihåg att ni två är viktiga", sa han till tvillingarna. "Ni har rättigheter och även ansvar. Ni bör hjälpa människor när de behöver något, men lagen ska inte tvinga er att göra det."

Emma antecknade i sin bok "Vi ska hjälpa människor". Hon sa: "Det verkar bra, men varför vet inte fler människor om det?"

"Det är det som visdom handlar om, Emma. Vi måste alla lära oss viktiga läxor som vi använder i våra liv och som vi sedan undervisar andra om", sa Fred.

"Det är vad böcker som den här hjälper oss att göra", sa han till tvillingarna och pekade på boken *Lagen* som de fortfarande höll ett stadigt grepp om.

"Så har visa människor i historien gjort. Och nu kan
ni hjälpa era vänner och er familj så att de också
kan lära sig hur det är!" sa Fred.

Fred sa att de kunde låna hans bok, även om
det fanns en del ord i den som de inte förstod.
"Kanske era föräldrar skulle tycka om att läsa den",
sa han till dem.

50

Han gav dem också en burk med sina prisbelönta tomater som de fick ta med sig hem.

När de gick hem fick Emil plötsligt en idé och han stannade till. Han viskade idén till Emma. Emma log och nickade. Tvillingarna hade en plan!

De tittade åt båda håll innan de gick över vägen. De gick fram till ett av grannhusen och knackade på dörren. Fru Lopez öppnade dörren och blev glad över att se tvillingarna.

"Vi har en gåva till dig, fru Lopez!" sa Emil och Emma i kör. De gav henne tomaterna och log med hela ansiktet.

"Vi vill ge den här burken till dig och ingen har tvingat oss", förklarade Emil.

"Ni Tuttle-tvillingar är väldigt omtänksamma och bra mycket klokare än barn i er ålder!" sa fru Lopez.

Som tack för den goda gärningen gav hon dem varsin hembakt kaka. De var glada att de hade lärt sig lite vishet idag.

Nu ville de dela med sig av den till andra!

Slut

Författaren

Connor Boyack är ordförande i Libertas Institute, en politisk tankesmedja i Utah. Han har författat flera böcker om politik och religion samt skrivit hundratals krönikor och artiklar som främjar personlig frihet. Hans arbete har spridits via internationell, nationell och lokal teve, radio och andra medier.

Connor är född i Kalifornien, har universitetsexamen från Brigham Young University och bor nu i Lehi, Utah, med sin hustru och två barn.

Illustratören

Elijah Stanfield driver Red House Motion Imaging, ett mediaproduktionsföretag i Washington.

Elijah har studerat österrikisk ekonomi och klassisk liberal filosofi under lång tid. Han har lagt mycket tid och energi på att främja idéer om fria marknader och personlig frihet. Några av hans mest uppmärksammade arbeten är åtta videofilmer till stöd för Ron Pauls presidentvalskampanj 2012. Han bor i Richland, Washington, med sin hustru April och deras sex barn.

Kontakta oss på TuttleTwins.com!

Hej föräldrar!

Jag heter Frédéric Bastiat och era barn har just läst en förenklad version av min bok *Lagen*.

Jag skrev boken år 1850 men tror att principerna den innehåller är lika relevanta för er idag som de var på min tid—om inte ännu mer!

I *Lagen* beskriver jag vad statens rätta roll är, och vad riktiga lagar är. Om ni gillar frihet eller en begränsad stat kommer ni älska min bok.

Här är några utvalda citat för att ge er en föraning om vad som finns i min kortfattade bok:

Vill ni lära er mer? Skanna denna QR-kod eller besök LibertasUtah.org/thelaw

"Liv, frihet och egendom har inte uppstått för att människor stiftat lagar. Tvärtom är det på grund av att liv, frihet och egendom redan fanns som människor stiftade lagar."

"Men hur känns denna lagliga plundring igen? Mycket enkelt. Se efter om lagen tar egendom ifrån somliga personer och ger till andra som egendomen inte tillhör. Se efter om lagen gynnar en medborgare på bekostnad av en annan genom att göra vad medborgaren själv inte kan göra utan att begå ett brott."

"Så länge man tillåter att lagen styrs om från sitt sanna syfte—att den får kränka egendom istället för att skydda den—så länge kommer alla vilja vara med och stifta lag, antingen för att skydda sig mot plundring eller använda den för plundring."

"Om mänsklighetens naturliga böjelser är så dåliga att det inte vore säkert att låta människor vara fria, hur kommer det sig då att dessa ledares böjelser alltid är goda? Tillhör inte lagstiftarna och deras ombud också människosläktet? Eller tror de sig ha danats ur en finare materia än resten av mänskligheten?"

Skaffa ett eget exemplar av boken eller köp större kvantiteter. Den kostar bara 1 dollar per styck!

Lagen

Frédéric Bastiat

www.ingramcontent.com/pod-product-compliance
Lightning Source LLC
Chambersburg PA
CBHW051431270326
41933CB00022B/3485